AF450829

HUBIMOS

Gustavo Arturo Velásquez Vásquez

EDIQUID

HUBIMOS
© Gustavo Arturo Velásquez Vásquez

Editado por: Corporación Ígneo, S.A.C.
para su sello editorial Ediquid
Av. Arequipa 185 1380, Urb. Santa Beatriz. Lima, Perú
Primera edición, setiembre, 2022

ISBN: 978-612-5078-33-9
Tiraje: 50 ejemplares

Hecho el Depósito Legal en la Biblioteca Nacional del Perú N° 2022-07998
Se terminó de imprimir en setiembre de 2022 en:
ALEPH IMPRESIONES SRL
Jr. Risso Nro. 580 Lince, Lima

www.grupoigneo.com
Correo electrónico: contacto@grupoigneo.com
Facebook: Grupo Ígneo | Twitter: @editorialigneo | Instagram: @grupoigneo

Diseño de portada: Susana Santos
Corrección: Alejandra Araujo
Diagramación: Gisela Toledo

Colección: Nuevas Voces

Índice de contenido

Pandequesece ese

Yo, extrañecese ese pandequecese
y siempre en la madrugasece
se me endurece esta pequeñezce.

Ah, es tan cruelesece desayunarsece
sin ese pandequesece.

Me mandastesece un mensajesece
que me hiciera lo que me pajesece,
que te fuiste con el Francese ese.

Yo ya sabía que ese pandequesece
otro lo pretendiesece,
pero tambiensece
que ella sabiasece
como yo lo mordiesece.

Aunque ahora pretendieseces
que yo la disculpaseces,
esto no te mereteseces.
La rosca está anchoseces ese.

El flan

Bien pueda, éntrese, señorita.
No se me quede afuera.
Mi mamá le está haciendo
el flan que más le apetece;
y yo, con los ojos estrábicos,
viendo cómo se mueve.
Soy pies de gelatina,
y mis manos, je, je, je, je.

Se mueve a la ventana
y se asoma al jardín,
se lo lleva a la sala y
lo asienta en el más
grande cojín.
¡Y mis dedos! Blin, blin, blin, blin.

Entre, señorita.
No se quede afuera, que
yo me tengo mucha fe.
Nada mejor que el flan
que en mi casa
me encontré.

En el día del agua

Corre, agua, corre.
Corre, agua, corre entre las
frondosas, o tímidas, o exóticas
flores.

Tienes el espíritu del cielo:
el relámpago anuncia que
vienes con el trueno.

Tienes el quejido de la
mujer parida con su
hilo de vida y su maternal
«te quiero».
¡Viva la vida!

Tienes el ansia de
la amante rendida de sus
fogosas horas, o de su
infinita espera.

Tienes la voluptuosa armonía
de la edad púbica y
sus ardientes sentidos.

Tienes la huella plantar
del carácter humano
con su infinita guerra,
¿amén por los siglos?

Y luego difumas en
la ondulante tierra
tus refrescantes colores,
invitándonos al sosiego.
Entonces el hombre sabe,
por trasiego,
que la semilla germinará
bajo este cielo.

Corre, agua, corre,
que el sabio te aprecia,
te encuentra cristalina;
eres la fuente de su
profunda memoria.

Estás en la nube que pasa,
o en la tierra que habitas.

Corre, agua, corre
haciendo tu lecho.
Le enseñas al hombre
tu propia dinámica.

Eres dulce para que
el hombre viva,
eres de sal para que
el hombre encuentre
su comida.

Corre, agua, corre.
Aquel que murió en el madero
necesitó de ti en su agonía.

La celebración de la tierra

Memorias de la tierra

Tengo en mi sangre
seres que hablan y
huelen a tierra.
Cuando caminan son
recios como las piedras.
Tienen la piel del sol
en sus entrañas y
el espíritu del agua
en sus memorias.
Conocen la música de
la montaña y la melodía
de la llanura.
Saben de la fecundidad de
la luna,
cual mujer que se engalana
con el manto de las estrellas.
Saben cómo,
a la luz del naciente,
ven brotar la vida
con épica belleza
en el orden supremo
de la naturaleza.

Efímero

El tiempo pasa
y se queda
para guardar las arrugas
que al alma llegan.
Si Einstein me explicara
el espacio que he recorrido,
quiero saberlo, porque lo
he vivido.
Las cosas han de pasar
y a alguna vera
habré de llegar.

Antes, la lozana sonrisa
del alba,
para luego pasar a vivir
la vida de las emociones
y los encuentros;
luego,
en los profundos silencios,
cultivar los frutos
que mis pasos hicieron.

Saber que en el alma
guardado está mi tiempo.
Como al cristal, poner mi huella,
al Creador pertenece su trazo.

El sancocho

Ponle, vieja,
sazón a la receta,
que vengo de las alturas,
donde el silencio no tiene
culpas.
Son las añoranzas de
mi crianza
que ponen sabor a mi sangre; de mi tierra,
que son los aleteos
del tiempo,
con su traje de
pasadas fiestas.
Que se me arruga la memoria
cuando inclino mi cabeza.

Que se...
que se pica delgadito y
se muele con la piedra.
Al primer hervor se le
pone una pisquita de
mi sazón secreta.
Déjalo hervir, a lo sumo,
media hora, no más
tiempo que se pega.
Y cuando lo vayas a probar,
solo métele la
cuchara e palo.
Hasta para chuparse los dedos,
el sanchocho ha quedado.

Venimos de madre

Como niño que por
primera vez vio tus ojos,
abrazo tu gozo y verte
sentir.
Fui creciendo de tu mano,
aprendiendo de tu abrazo
el camino de la vida.
Y veo en el árbol,
que con tiernas hojas a
sus frutos abraza,
el agua que, infinita,
abraza la arena;
al ave que, con sus extendidas
alas, abraza a sus críos,
y como el sol abraza
la tierra para crecer sus
plantíos,
y como en la noche la
luna abraza los corazones
adormecidos.

Por todo esto
abrazo a la bella muchacha
que en su juventud soñó;
abrazo a la hermosa mujer
que en el amor creyó;

abrazo a mi madre que
en su vientre vida me dio.

Con nobleza abrazo el
silencio de tus hondas
melancolías como el
perenne silencio de
tus esperanzas, porque
así me abrazo a tu
comunión con Dios, a
la luz de tu corazón,
y abrazo el saber darte
las gracias que
aprendí de ti
cuando salen del corazón.

Posdata: Abrazo tu gozo y
verte sonreír.

Mucho, bastante

Usar los mismos zapatos;
cargar el mismo llavero;
abrir la misma puerta;
quizá, peinarse el mismo pelo;
cantar el mismo estribillo;
leer los mismos avisos:
«Cuidado», «Precaución con
su cabeza, sus pasos»,
«No se haga en ese rincón»,
«Aquí no se puede sentar»,
«Gire a la izquierda», «Siga
para allá, por ese callejón».

Mucho.
Usar el pantalón más querido;
saludar al mismo vecino:
«¿Cómo está, don señor?»;
tocar la misma puerta;
«¿Cómo está, doña Concepción?»;
mirar el mismo cuadro
del Sagrado Corazón,
y guardar el lápiz rojo
con el que pinté tu corazón.

Bastante.
Tus zapatos te llevarán lejos.
Nunca equivocaste la puerta.

Quizá el viento despeinó tu pelo
y su silbido recordó tu canción.
Caminaste sin sorpresas,
conocías la región.

Bastante.
Cuando ese pantalón mantuvo tu cuerpo,
parecías elegante, joven,
feliz.
El saludo de don Joaquín;
la puerta de doña Conce,
por donde te vi venir.
Siempre te creí Jesús
y pinté tu corazón con
bastante de mi rojo corazón.

Ser mujer

En la creación de la vida, Dios le dio una mujer a Adán. Necesitaba otro parecer, y sí que lo es. Se ve frágil, débil y rendida, pero te bendice cada día, te anima a seguir adelante y nunca se cansa de esperar tus alegrías. Ella es la mujer madre, que cuando nace y para siempre percibe su sensibilidad especial: el amor mismo, con su belleza, su presencia, su fortaleza, su encanto, donde reside la voluntad de Dios para enaltecer y prolongar la vida.

Niño sirio

Alguna brisa
se arremolinó en la playa,
alguna brisa
lo impregnó de algas,
alguna brisa
de ese cuerpo se guardó su alma,
alguna brisa
quiso ser su madre
para tenerlo en calma.

Por todo lo que rueda el mundo,
por todo lo que el credo rompe,
el hombre se hace dueño de sus desgracias.
Entre el cielo y la tierra
hace sus fronteras de arena,
sus fronteras de agua.
¡Qué falacia
convertirnos en el cuero
para las armas!,
porque a ese extraño dios
le brindamos el alma.
¡Qué vergüenza
romper la brisa
con el trueno del odio!,
como si el hombre
rindiera sus esperanzas,
como si el cielo

perdiera su horizonte,
como si Dios...
Por favor, Señor, por favor,
regresemos al amor.

Desde el cielo
descendió una brisa.

Amor silletero

Cuidando de mi plantío:
rosas, astromelias, margaritas,
azucenas, lirios del campo;
algunas mariposas empezaron a volar.
¿Quién está ahí, que en mi
jardín se quiere posar?
Y aparece detrás de unas rosas,
con sus rosados cachetes
por el aire de mi montaña,
la niña más hermosa que
el lozano resplandor de la madrugada pueda brindar.
«Me llamo Carmelita y esta
flor del pensamiento te
quiero regalar».
«También yo, muy agradecido, me quiero
presentar: me bautizaron
Florencio y de mi jardín este
tul de novia te voy a brindar,
pues, si de mí te vas
a enamorar.

»Discúlpame, Carmelita, si
tengo espalda de silletero,
pero es que de este campo
no me quiero separar».

En una tibia mañana,
trenzado su pelo con tiernas
flores de nuestro jardín,
nos dimos el sí del cielo.
Florencio y Carmelita,
¿cómo se debe vivir?
Ella, muy encendida,
con su picarona gracia,
me dijo, pues:
«Vámonos, pues, Florencio,
detrás de aquellas acacias,
pues para el amor
también somos muy buenos
los paisas».

Posdata: En el silletero
Florencio y Carmelita se dieron el sí del cielo.

¿Picaíto yo? ¡Qué va, hombre!

Así fui yo:
de colmillo dorado y,
de la cintura pa'bajo,
bastante apretado,
duro de la cabeza.
Todas las pipiolas admiraban mi tarrao.
Cachetona que arriara macho su coscorrón tenía.
Patiaba de noche,
patinaba de día.
Andaba siempre de poncho,
por si amarrar montura
había.

¿Picaíto yo? ¡Qué va, hombre!
Mejor dicho, pa' mejor decir:
no había pestaña en el ojo
que no viera con mi perfil.
Montaba siempre en
enjalma para cuidar
la envergadura,
no fuera a ser hombre
que dañara la moldura.
Las plumas de mi sombrero
sus colores desplegaban,
y ellas, mirando, decían:
este no es de paja.

Posdata: Patiaba de día
para la feria de las flores que se pueda musicalizar.

Árbol de ayer

Hoy dizque no habrá lluvia,
puede ser.
¿Cómo embrujaré mi sueño?
Ataparé la hoja de la última
gota que mojó tu pelo,
del mismo árbol donde, silenciosa, me diste un beso.
Le hablaré a la fruta que madura con deseo,
me acostaré en la grama que moldeó tu cuerpo,
soñaré cómo son tus sueños.

Hoy dizque no lloverá.
Cierro mis ojos para no ver la lejanía,
palmoteo mis manos vacías,
como si fueran alas para cruzar la distancia.
La sombra va creciendo,
el ave a su nido tampoco
volvió.

Hoy dizque no habrá lluvia,
puede ser.
Yo sí lo sé:
en este árbol de ayer
tuve tu ser.

Cada sitio tiene sol

Cada casa tiene su noche;
cada bohío, su estrella;
cada rancho, su esperanza,
que la alegría con ella llega.

Cada casa tiene su nombre,
cada bohío tiene su mar.
Cada rancho tiene frío y murmullos de soledad.

Cada casa tiene su señor,
cada bohío tiene a sus amantes.
Cada rancho tiene mil nombres:
el rancho del pescador, el rancho del carpintero,
el rancho del soñador, el rancho del jornalero.

Cada casa tiene armonía,
cada bohío es relajante.
Cada rancho tiene dolor,
los alcanza el hambre en su corazón.

Cada casa tiene voz;
cada bohío, algarabía;
cada rancho, un silencio
que nos traerá el nuevo día.

Cada sitio tiene sol;
cada casa, su calor;
cada bohío, su sopor;
cada rancho, su desazón.

Patética

Nunca te tuve presente,
no soy de tu sabor.
Hasta que descubrí, Muerte, que nací para vos.
Te vas llevando a mi generación.

La bolsa, la bolsa.
Bótox para las arrugas;
narcóticos para la razón;
calcio, hierro para los huesos;
trusas, tenis para mover
el corazón;
incienso para la paz;
morfina para el dolor;
píldoras para el sexo;
vitaminas para parecer mejor.
Ajá,
Muerte,
¿quién no ha sufrido esperándote a vos?
Porque finalmente
vienes en diversa presentación.

Puerta para dos

El beso que no tengo,
el brazo lejos de tu hombro,
la estrella que no veo,
la luna ha mordido
mi sueño.

Entra o sale de mí este mundo perplejo.
Hablábamos de amor en nuestro cuento de hadas.
Lo único cierto es
el frío en mi piel y
mis pies tan lentos como
el viejo tren.
Pero él va, va.
Va a encontrar su puerta
después del solitario andén.

Cuando puedo, veo mi
sombra con desdén.

Como inquieto era,
arrancaba siempre un pétalo.
La última rosa está grabada
en la piel de su pecho.
Aún tengo por hacer:
me colgaré como crisálida
en el dintel.
Te estarás moviendo,
yo lo sé.
Es mi última mirada
antes de volar y desaparecer.

Agua sin par

Es la misma agua,
pero no igual.
Te fuiste a los confines y
volviste.

Te fuiste con ellos,
a limpiar sus almas
en la lluvia
o en el mar.

Volviste dulce o de sal.

¿A quién de aquellos pertenecerá?

Fin de semana

Hoy me levanto con una libre sonrisa,
el tiempo se mueve con menos prisa,
el sol se expande entre la suave brisa,
el fin de semana te pinta otra vida.
Todo cambia, el espíritu suena.
El alma se separa de la diaria faena.
El aroma de la vida se impregna de sonrisas,
de una flor, de un fruto.
La naturaleza te presenta su maravilla.
El viento trae otra nota cuando silba.
El fin de semana
es el ciclo de la vida misma.

Muchacha luna

Muchacha, muchacha,
salió la luna.
Mírate al espejo,
si hay estrellas en tu pelo.
O salgamos a buscarlas,
hagamos un sueño.
Muchacha, muchacha,
salió la luna.
Sobre la arena, asienta tus pies ligeros.
Corramos adonde se fue la estrella,
pidamos mil deseos…
Las luciérnagas vienen a tu encuentro,
los mágicos duendes
sonrientes te esperan.
El bosque se abre a la
ilusión que llevas,
y también la luna te cela,
por el manto de estrellas
que en tu pelo vuelan.

La silla

Papá, papá, feliz cumpleaños.
Abuelito, abuelito,
feliz cumpleaños.

¿Abuelito?
Ya será la silla donde dormirá sus sueños.
Ya pasará el mundo
con sus otros dueños.
Ya será el otoño
con su color diverso.
Ya será el silencio
con su recuerdo eterno.
Ya será la huella
que en mi cuerpo llevo.
Ya serán los años
con su propio peso.
Ya será la hora
de mecer la silla
con este cuerpo
quieto.

Contemplación

Acá estoy,
como el ave: buscando su nido cuando la tormenta viene,
algo más.
De la lluvia me puedo guardar.
¿Cuál árbol resiste más?,
¿aquel que creció derecho o aquel que al viento se sabe doblar?
En la línea de la vida
se tienen altas y bajas,
entonces el inexorable tiempo nos enseña a contemplar
cómo el árbol que se supo plantar
va a las alturas y la
buena semilla
puede dejar,
cuando el viento
suele pasar.

La lluvia que pinta tu vida

Me gusta la lluvia
que pinta tu cara,
mujer natural,
carne de niña.

Me gusta la lluvia
que se rebela en tu pelo
sin prisa ninguna.

Me gusta el pecado de
tu cuerpo desnudo
vestido de lluvia,
dibujando tu ser.

Me gusta la lluvia
que mueve tus manos,
recorriendo tu piel.

Me gusta la lluvia
que moja tu risa
y conocer los sonidos
que hacen tu vida.

Me gusta la lluvia
que corre a tu lado,
porque siente el calor
de tu cuerpo agitado.

Me gusta la lluvia,
brisa tus ojos,
ellos me miran
con el alma límpida.

Enmendado

El camino de cada día,
más tarde, más temprano
por hacer.
El espejo al que me cuesta sonreír.
La neurona que se aleja y
mi memoria no para de fingir.
El pecado que se pega
a mi forma de ser.
El todo de mi conciencia
que me llama a renacer.
La bocanada de aire fresco
para ya crecer.
El principio de las cosas
con las que voy a pretender.
Las suelas de los zapatos,
que mejor conocen mis pies.
Más temprano que tarde,
el sol me pondrá en mi lugar.
La cana, que imprevista,
invade mi personalidad.
Del murmullo del vecindario
el café en aroma se viene.
Del amor y sus antojos
estaré mejor que ayer.
Del entendimiento al conocimiento
estoy enmendado hoy.
Cualesquiera sean las razones, hay,
racionalmente,
que trabajar.

Éxtasis

Algo tienen en la cabeza estos periodistas ingleses: la rudeza de los colombianos en su histórico estadio de Wembley, donde Andrés Escobar les hizo gol de cabeza. En fenomenal atajada, René Higuita hizo el memorable salto del escorpión.

¿Y de la coca?

Se les nota la buena relación que tienen con ella; es mejor que el milenario hachís o el opio.

Algo tienen en la cabeza estos periodistas ingleses.

Primor

Un mechón en tu carita
y esa luz en tus ojos
que el cielo te da.
Una algarabía por el
primer paso que das.
Estirando los brazos,
alcanzas el regazo de mamá.

La infantil sonrisa
que solo la madre sabe
adónde va.
Ven mi niña, te abrazo más.
Un lunarcito en tus rosados cachetes,
un puchero en tu boca para decirme «mamá»,
y yo acaricio en tu
pelo rebelde
el aura que el ángel te da.

Ya caminas, le contaré a papá.
Déjame organizar tu cabello
para que él vea lo linda
que estás.

De a poco, mis manos
se quedan vacías.
Tus pasos en la curiosidad
se van.

Yo te guardo con mi
silenciosa oración
para que no vayas a tropezar.

Te guardo en el amor
en que naciste
y la alegría que a
todos nos das.

Te guardo en los caminos
donde el amor aparecerá.

Quiérete mucho, que
Dios te apoyará.

Guarda para ti misma
la bondad y la sinceridad
para que tu espíritu viva
con lealtad y amistad.

Y bien
en el nido que te brindé
la vida,
tengas el amor que
aprendiste con mamá.

¿Hice yo la culpa?

La gota de agua tiene
su perdón.
Se escabulló de la tormenta,
de la avalancha se escapó
y se posó en un tallo
para nacer la flor
(la espesura en tiempos regresó).

Quemé incienso,
encendí un velón,
pegué una plegaria, una oración desde mi razón.
Aún más:
la canción de la invocación,
efectiva, porque viene de Dios,
tampoco funcionó.
Nada funcionó, ¿entonces?

Sí, me hice a un corazón.
Es ahí donde viene el desacuerdo a un acuerdo
con la razón:
enumera las virtudes que te propone la emoción,
organiza gentilmente lo que es bueno para vos,
grita al viento que bueno eres porque esa gota
te mojó.

De lo contrario, sería aceptar
que la culpa la hice yo.

Saber que...

Una pluma es vuelo,
una escama es agua,
una hoja es árbol,
una flor es color,
un ser es vida,
una lágrima es emoción
o dolor.

¿A qué lado está, entonces,
la razón?

Un abrazo es bienvenida y
también adiós,
una canción es alegría y
también nostalgia,
una palabra es armonía y
también distancia,
una promesa es cercanía y
también errancia,
un beso es abundancia y
también desolación.
Sí, me hice a un corazón
para darle la razón a
este corazón.

Obituario

El bosque se humedece,
en el aire se siente
la atmósfera que pesa.
Él toma su color,
la inmensidad del verde.
Tal vez gris, tal vez tenue.
Tiene su alma,
así es como permanece.
Hoy
eres tú
el árbol caído.
En el espacio que dejas
se inicia un camino
para que tu senda
por el bosque
te lleve al infinito.
Fuiste manantial, frescura;
silbido, cantor; color, armonía;
jolgorio, algarabía;
espesura, desafío;
fuego, lujuria;
contemplación, silencio.
Fruto-árbol, árbol-fruto.
Tu ciclo en el bosque
se ha cumplido.

En consecuencia

En consecuencia,
si en dos horas no sale,
nacerá por cesárea.
Se tomará su pulso
cada tres horas y
en cuatro horas podrá darle
un biberón con leche desnatada.
Esperaré cinco horas para revisarle.
A las seis horas por fin
se podrán ir.

En consecuencia,
son las siete, hora de
levantarse.
A las ocho es la hora
en que el bus pasa.
Justo a las nueve es
la hora de tu presentación.
¡Qué emoción!
A las diez, así
como a esa hora, sabremos
algún rumor.
Que regrese a las once,
a esa hora conoceremos la verdad.

En consecuencia,
llevo casi media vida

siguiéndole los pasos
al reloj.
Estoy en la cúspide,
a las doce marcas del tic toc.
Es la hora de mi división.
Ahora es la hora de
cuidar lo andado,
ya aprendí que el tiempo
está marcado.

En consecuencia,
a las trece es la hora
de mi primera cita de amor.
Será hasta las catorce
la hora más sabrosa.
Ya a las quince, en esta hora
puse a prueba mi corazón.
Justo a las
dieciséis, estoy a la espera.
Que se vengan las diecisiete, la hora más
extensa: entre claro y oscuro,
la tarde no se detiene. Son
las dieciocho, la hora en
que la comunicación se queda.
Con las diecinueve,
las horas del día se están
apagando. Y ahora, a las veinte, la hora toca al
silencio.
Con desazón, la hora
veintiuno marca desesperanza.

Alcanzaré las veintidós, la
hora de la distancia.
Déjame, pues, tiempo,
que en la hora veintitrés
me arrime al borde de
tu perenne constancia,
para que cuando llegue la
hora veinticuatro,
en consecuencia,
se entrelace con
la primera hora, y entonces
adiós.
Es la hora de Dios.

Subjetividad

Habrá que morir para conocer de la grandeza de los pedazos del alma, o habrá que vivir para saber que no sabemos nada. El desierto es un karma, lo es también el agua. Necesito amar para estar protegido entre estos acertijos del alma.

Oh, mujer

¡Oh, mujer!
Naces como una flor
y en el aroma de los tiempos
se impregna tu corazón,
para amar, para brillar,
pues también en tus ojos
la luz se ha encendido
y te haces esplendorosa,
invitando al amor,
transformando la vida
en tu cuna de emoción.

¡Oh, mujer!
Radiante ser de luz,
acompáñame en mi camino
con toda tu virtud.
La naturaleza te hace bella,
encantando la razón.
Todo lo que tú destellaste
lo llevo en el corazón.

La lluvia está lenta

La lluvia está lenta.
Si alcanzara a tu distancia,
donde revoletean las gaviotas;
aquí las palomas
se acurrucan donde fue
tu primer puerto y
te quisieron al fin.
De rojo a gris,
del rojo de nuestra pasión
al gris de tu partida.
Sin ninguna razón,
es así.
Sin ningún reproche,
no pierdo las esperanzas.
Que pare la lluvia para
que tu nave navegue
con bien.
En mis sentimientos tengo
la esperanza de que regreses
a mi puerto; el primero.

Cuando la luna

Cuando la luna
arrope tu figura,
guarda tus palabras y
abrace a tu ángel.
Ella es tan íntima
como tu ser.
Se desparrama en la abundancia, se regocija
en el placer, y está en
tu regazo
cuando tus ojos quieran llorar.

Como tu ser,
ella viene y va.
Es tu ángel,
conoce tu propia realidad.
Pareces pequeña y curiosa,
y luego, cuando vas apareciendo, eres toda
vanidad, traes contigo
tu propia luz que
a todos alcanzará.
Besa y abraza, pues,
a tu ángel,
que en las noches de luna
tu reino está
guardando sutil misterio.

De la cama al suelo

De la cama al suelo
se vuelcan los sueños.
Mejor en tus brazos,
donde el halo del mundo
es más tierno.
Sí, ya veo el sol con
desdeño.
Mejor veo en tu rostro
cómo crece mi ensueño.
Brindemos por este tiempo
que la vida nos ha
obsequiado.
Sintamos el amor
entrelazado entre los dedos.
Dejemos en la piel
los besos robados.
Dirijamos los anhelos
al ritual eterno.
Vivamos nuestro universo
en esta cama
que no toca el suelo.

Vil

Marzo de 2020, coronavirus

Ahora está de fiesta
en su carnaval de muerte.
Ataca de pies a cabeza,
va por quien ostenta poder,
se sienta en su laurel;
por aquellos que tienen
rasgados los ojos,
o la mirada adusta,
o negra la piel;
además de aquellos
que se quedan en su parecer.
Es decir, rompe toda la genética del humano,
su color de ser.
Lo había intentado con sutilezas:
gripa aviar, ébola, sida,
drogas devoradoras, guerras y guerrillas
para dejar a uno con su cuartel.
Impregna la ciencia y
su afán de crecer
(para que no lo puedan ver).
Lleva estas al límite,
son sus armas de poder,
donde los simples y tibios
quedan como caldo para su placer.

¿Qué señuelo
nos ha disfrazado
el alma de la naturaleza
como la creó Él?
Somos frutos de Dios
y su venganza es corroer,
ofreciendo tantos artilugios
para olvidarnos de Él,
haciendo sentir lo
mediático confortable
en una vida sin Él.

Vil quien cambia nuestras necesidades
por riquezas materiales,
vanidosamente alejándonos de Él.

Pero no, ¡no!
Su plan no ha vencido.
Aun llevándonos a menos,
sabemos quién nos ha querido.
Llenando de esperanza nuestro camino,
abrazándonos en la fe,
trascendemos en la vida,
con certeza de su rostro ver
cuando ha de ser,
pues la gloria del Espíritu
nadie puede vencer.

Ven, pues, Señor.
La vileza se quema bajo tus pies.
Ven, pues, Señor.
En tu bendición está el poder.

El aire con que andaba

Abril de 2020

Cuando me preocupé
por ponerme la laca o la gomina,
cuando el ave, al volar, me cagara
y mi ropa se manchara.
Cuando me preocupé por que el sol
manchara mi cara.
Cuando me preocupé por que el polvo que se levanta
me dejara vuelto nada.
Cuando me preocupé por el aguacero
que el cielo anunciara,
y yo, simplemente, me refugiara.
Cuando las hojas a mi alrededor volaran,
cuando el paisaje en sus tonalidades
me hablara.
Cuando me preocupé por la algarabía
en un eco que volara.
Cuando me preocupé por que
la cometa se enredara.
Cuando me preocupé por que
el tiempo no alcanzara.
Cuando me preocupé porque Dios
todo me lo daba y
poco de Él me acordaba.
Cuando me preocupé por que
tantas manos me saludaran.

Cuando me preocupé porque
mi egoísmo me delatara.
Cuando me preocupé por que
mi apariencia valiera plata.
Cuando me preocupé por que
las distancias no respetaran esas manadas.
Cuando me preocupé por que
el aire y su viento
me pegara en la cara y trajera
aromas de otras andanzas.
Cuando me preocupé por que
la simpleza no valiera nada.
Cuando me preocupé por no
decir lo que realmente amaba.
Cuando me preocupé por que
el jolgorio fuera simplemente una parranda.
Cuando me preocupé por que
al contaminar el aire y la naturaleza
nada pasara.
Cuando me preocupé por que
esas nubes pasaran y
dañaran mi programa.
Cuando me preocupé por que
mi comodidad se alterara.
Pero ahora
sí estoy preocupado
por mejorar lo preocupado,
por corregir lo que me preocupaba,
y solo me preocuparé por que
Dios me dé ese aire de esperanza.

El huevo

Mayo de 2020

El huevo es a la gallina
como el sol a la mañana.
¿Qué le pasó a la célula
para que en el cascarón se enclaustrara?
¿Qué le pasó a la noche para que despertara al sol?
¿Qué fórmula de tres se ha compuesto
para que el hombre de ahí viviera,
entre la energía de la ardiente luz y la sublime fuente de la
gallina y su naturaleza,
el huevo?

Su alimento es extenso en cada hombre que ha pisado la tierra,
allí en la huerta casera o en la vida silvestre,
donde se pueda.
Pertenece a la hambruna,
pertenece a la fiesta.
Comestible de tantas maneras,
amigable con la despensa,
amigable con la pobreza y
todas sus flaquezas.
Indispensable en sus nutrientes del hombre
y sus fortalezas,
como componedor social
de las formas más sencillas
y de las gracias más honestas.

Salud al huevo.
Con su figura ovoide, se
relaciona con el universo.
Sus polos se magnetizan
con el sol,
hacen de su consistencia
un sólido protector, pues
también incuba vida
cuando sea la ocasión.

¿Qué pasó con la mitocondria
para que su energía
suficiente fuera?
¿Qué pasó con el asteroide
para que la tierra alrededor
del sol se moviera?
¿Cómo se dio esta relación perfecta?
Donde Dios puso la vida
es la respuesta.

El pincel

30 de mayo de 2020

Sí,

me he escuchado a mí mismo, había dejado de ver

que somos la paleta

donde el Creador

mueve su pincel; en

un fondo blanco

lleva tu mirada a un

azul celeste

para que el vuelo

sea gracioso,

para que el aire

sea un refresco,

para que el verde

a tus pies

te llene de sentimientos

y sea, desde tu corazón,

la explosión de colores

que llevas por dentro.

Sí,

ahora lo puedo ver:

en la pincelada oscura

reposa el fragor cotidiano.

Es profunda la vida

en la infinitud de estrellas

que pretendes ser.
Somos la paleta
de los colores primarios.
Mezclarlos es la potestad
del pincel.
Teñimos de mil facetas,
en este cuerpo jactancioso,
nuestras propias pobrezas:
la vanidad, el desatino, el desprecio,
el credo de que todo lo podemos
poseer.
Pero esto no está concebido
en la línea fina del pincel.

El color nos solaza
en la frescura, en la calma.
Nos armoniza en los sentidos,
cuando vivimos dignamente
nuestro modo de ser.

Al pintor que me ha ayudado
a trazar estas líneas,
por siempre agradecido.

Mejor el que vendrá

1 de junio de 2020

Hace más falta el que vendrá.
Donde haraganean sus vergüenzas los que de
uniformes se sienten blancos.
Como los clásicos vaqueros,
galopan armados.
A sus ojos blancos, los negros
son puntos muy objetivos.
Si necesitaras de mi transfusión, quedarías
blanco.
Blanco, que te quemas al sol sin ver el cielo,
negro que ves el cielo.
Quemado por el sol,
pero con un corazón que
ni al infierno se ha vencido; porque de este país
en su independencia tienes
parte.
Para liberar tu esclavitud,
a riesgo lo tomaste.
Te agradecieron con tres «K»,
en un infinito desprecio.
Te maldijeron como sangre
con un narcisismo extremo.
Pues si a la tierra pertenecías,
era con un cerrojo de hierro.
Portentoso Jesse Owens que

atragantó las gargantas del
supremacismo extremo y
le mostró al mundo
qué corre por tus huesos.
Mira, tú, envalentonado blanco,
hace más falta el que vendrá
para armonizar bajo el cielo.
Aun cuando te agite mi piel,
la multitud libertaria
despedirá tu narciso ego.

Y de noche

10 de julio de 2020

En el espacio del silencio
se rompe el corazón.
¿Quién ganará con esta huida,
si a donde vayas
tu boca callará la razón?

Brumosa es tu lejanía,
me quedo en la sombra,
envuelto en tu desdén.
Fue un tiempo muy feliz,
la vida nos unía,
vivíamos en el Edén.

Y de noche,
en el desvelo, busco la razón.
Sé que tienes la fe
de cuidar tu corazón.
Guárdate de las dudas
que aprietan con dolor.
Dejaste la lumbre de tu emoción
y de noche soñaré con vos.

Pubertad

10 de julio de 2020

El día que la luna
bese tu figura esbelta
vas de niña a mujer.
El rocío en la flor
es la sutileza de tu maduración.

Celebra la luz de tu vida
como el designio de tu creación.
Cada pétalo llena tu corazón
y, en el destello de tus ojos,
la existencia es plena de emoción.

Abrázate a tus sonrojos
con la dignidad en tus anhelos.
La frescura de tu presencia
teje los mejores deseos.

Es natural cautivar con tu sonrisa.
Irradias, mujer, tu felicidad.

Tu alma por la ventana

12 de julio de 2020

Tu alma, jovencita,
se fuga por la ventana
en todas tus canciones.
Sueños, esperanzas,
de corazón en mano,
de besos robados,
de tímidas sonrisas,
de galanes imaginados.

Vas haciendo un secreto
con tu forma de querer.
Eres sincera con lo que anhelas.
En el marco de tu ventana
el horizonte te espera.

En las horas de tus sueños,
con una fresca mañana o
una noche serena,
tu pecho se agita,
mirando por el universo
de tu ventana
todo lo que puede ser.

Mujer de Lot

2018

No mires hacia atrás,
nada es tu culpa y alguien
por siempre te amará.

Tus sentimientos son dulces
y tus pensamientos te convertirían en sal.
Camina con lo que tienes,
que en tu corazón la fe
crecerá.

Mujer de Lot,
mira hacia adelante,
allá está tu verdad.
Para crecer hay que dejar,
para amar hay que soñar.

¿Tu estatua de qué servirá?
Tu reto es ser feliz.
Toma la mano que alguien te da y sal a vivir la felicidad.
Deja que crezca el amor
y, en sus brazos,
tus sueños perdurarán.

Susana sueña

2018

Susana tiene pies pequeños
y en su bolsa
caben todos los sueños.
Le gustan las mariposas
y no corre por ellas,
solo espera que ellas
le miren su vuelo.
Se viste de azul
cuando asciende al cielo,
y también de naranja,
cuando el sol se queda en su pelo.

A los duendes los tiene por
agradables genios.
Mueven los ojos si ella
los hace pequeños y
extienden sus brazos si
sus pies se tropiezan.

Susana sabe:
su madre es el arrullo
de sus mejores sueños.

Las flores enamoran su sueño.
Se siente un ángel
viviendo en sus pétalos.

Tiene su bolsa
un mundo sin dueños;
al sol como su padre eterno,
y la madre luna como su
infinita compañía.

El árbol en el espejo

Marzo de 2020

Todos los espejos me quisieran ver, también los
árboles son del mismo parecer.
Ustedes son infinitos,
los otros pueden florecer.
Yo soy trashumante de
un solo ser,
con una piel al arrullo,
con otra piel al atardecer.

En todos los espejos,
desafiante la mirada,
escrutaba: «¿Por qué se
estira mi piel?».
Me quedaban las respuestas
mirando hacia ti, planta,
¡qué fuerte puedes ser!

Me abrazo en tu silencio,
espejo, para que me puedas
conocer.
Rendiré mis frutos
como el árbol es.
Emprenderé el ascenso
para estructurar mi ser,

pero antes tomé tu energía,
la que se mueve por tus pies,
una y otra vez.

Te vi crecer,
comprendí mi estado,
pero los espejos me quieren ver.
Silenciosos, me van tejiendo
los sucesos de mi ser.

Ayer fui, hoy soy, mañana seré.
En algún espejo me reflejaré.

Quietud

Julio de 2020

Los árboles exprimen
la humedad del sol y su
clorofila fortalece su color.
Tomas del viento su aire refrescante, y también
las aves hacen de su
sombra un reposo.

Es sabia la planta para
atrapar al viento.
Crece erguida, canalizando
su corriente, y procura
del sol la sombra
en su movimiento.

Quietud bajó su ramada,
estío del cuerpo mío.
Con mi voz, canto una elegía,
hablo de mis cuentas,
de mi destino.
Me das el descanso
para buscar mi rumbo.

Escucho a la naturaleza
en su estado virgen.
Al alma recurren las memorias,
buscando en el tiempo
sus distancias.

La llevo en mis ojos

2019

A ver…
Suena el acordeón…
Parece más nostálgico
que mi corazón.

La llevo en mis ojos,
que si había luna,
que si había sol.
Solo estoy lleno de emoción.

Suénalo otra vez,
esa larga nota
lastima mi razón.
Profundizó mi mirada,
pero la distancia es peor.
La nombró la chica
que con una leve sonrisa
le puso vida a mi corazón.

¿Qué nos pasa en la memoria
que los tiempos nos alcanzan
y perdura siempre
la frescura de esta emoción?

Vuélveme a sonreír,
el agua también pasa
y está ahí para refrescar
mis ojos.

Viento al oriente

9 de agosto de 2020
A Valerie

¿De dónde vienes, viento?
¿Vas para el oriente?
Allá vive una chica de
sonrisa decente.
Su pelo suelto a veces
cubre su frente.

Cuando eleva su cometa,
su alma se siente.
La felicidad la acompaña,
las hojas son las alas de su mente.
Está sonriente para ti,
viento al oriente.
A tu altura
el mundo es vitalidad,
pues le traes la frescura
de la mañana,
donde las aves hacen
su saludo matinal.
Las flores del huerto su aroma en su piel
dejan posar.

A sus ojos, las nubes
son besos del cielo.

Aquellas que son redondas
llevan iluminados secretos.
Aquellas que se extienden
a lo largo del firmamento
son el amistoso abrazo de ti,
viento.
Si pasas entre sus dedos
el cuenco de sus manos
ulula una canción.

La chica decente piensa
que tu naturaleza es una
bendición de amor.

A Samaniego (y a otros)

17 de agosto de 2020

¿Qué mejilla pondrá quien
de dolor se muere,
si en la vergüenza del victimario
la piedad no duele?
¿Quién querrá la tierra
donde mis huesos nacieron,
si el hombre es vano y
la memoria eterna?

Por mis mejillas quería
darles lustre a mis ancestros.
Vivía la paz
sin ninguna bandera.
En la línea de la vida
de esta montaña
la libertad se encontraba,
y mis mejillas
a plenitud celebraban.

Perdónenme, antepasados,
por decolorar mis mejillas
a un aire extraño.
El hombre es sujeto
de su propio engaño.

En la diatriba de los intereses
cada quien arremete
contra el otro
para subir un peldaño.

¿Qué mejilla pondré
cuando vuelvan los malos,
o aquellos que al cielo
no han aspirado?

Música decembrina

Noviembre de 2020

Señor que me diste
el aroma de esta tierra,
no dejes que se arrime
un tal don Coviando
y sus 19 penas.
Quiero celebrar tranquilo
esta Nochebuena,
con el aire fresco que corre por mis venas.
Señor, enséñame a cuidar la tierra,
puesto que, si la abandonamos,
ella también se altera.
¿Y acaso tendremos de
sus frutos
para brindar en esta
noche bella?

Entre lenguas

21 de noviembre de 2020

En la incertidumbre de que lo que me coma sí me alimente,
de que lo que me alimente sí me nutra,
de que lo que me nutra sí me sane,
de que lo que me sane sí me alivie,
de que lo que me alivie sí me sirva
para sanar el nutriente del
alimento que me como
y dejar la incertidumbre de
cómo me lo como,
pues en el plato hay
pechuga y también solomo;
gandules y también frijoles;
costillas y también riñones;
chicharrones y también patacones;
cebollas y también pepinos;
lechugas y también coles;
culantrillos y también ajillo;
huevos rancheros y también
salchichones;
papas en rodajas y también yucas hervidas;
tenedor y cuchillo, y también
taza y cuchara;
seco de arroz y también mazamorra;
sopa de pasta y también
sudado de posta;

perejil en rama y también
arvejas en vaina.
Con este amplio menú,
yo solo quiero comerme lo
que me dicta la conciencia.

Por favor, dos choricitos
con poca grasa adentro
y un limón partido en cruz
para limpiarme los dedos.

Ave María, pues.
Salud, glotones.

Cuento infantil

Soy abuelo por primera vez y quiero dimensionar mi alegría en ella, la hermosa Valerie, para cuando esté en capacidad de la lectura y la imaginación más cercana a la realidad de sus primeros años. Gracias.

Gustavo Velásquez.

Viento silba por tus orejas y levanta tu pelo. Al empequeñecer tus ojos, quieres danzar en el aire eterno.

Arriba en el cielo tú ves una luz muy tenue, aparece cuando el día se va durmiendo. Viene acompañada de miles de estrellas que titilan en el firmamento, algunas son fugaces conforme avanza el tiempo.

Libélula vuela en el jardín de tus amores, va mostrando sus colores entre las bellas flores. Silenciosa, disfruta de esta invitación a la armonía.

Elegante, un enjambre de nobles abejas cortejan la vida, cuidando a la reina. A su alrededor, se unen como una familia y se hace elegante, así, vivirla.

Ríes con sonoridad y alegría, pues sientes que eres radiante para quienes te miran. Esa luz, amor y fraternidad te inspiran. La risa armoniza la vida.

Imaginación, aun con tus pies pequeños. Igual miras al mundo para recorrerlo. Todos los pasos mueven tus sueños. Allí vas para comprenderlo. ¡Imagínate cuando puedas cumplir ese anhelo!

Esculpe con tus ojos el cielo de tu mirada interior. Desde ahí al infinito palpita tu corazón. Mira con deleite lo que dicta la emoción y elabora tu horizonte con amor.

Aunque hubiera maná,
«serían miserables»

28 de mayo de 2021

Son los borregos que siguen el cencerro
de un sórdido piquete.
No buscan el camino,
pisan donde pisa el campanero.
Son hambrientos por el pasto que está en terreno seco.

Así hubiera maná,
mi Colombia está en desierto.
Se muelen las ideas en
bien del desacato, y
alguien con cizaña
ignora lo construido.
Se impugnan los principios
de un pueblo mejor habido.

Así hubiera maná,
elegimos al derretido en las mieles de su cinismo.
¿Por qué estoy aquí?
Para ser su espíritu.
Piensen como yo,
borregos sometidos,
y actúen como tal,
para manipularlos al abismo.

Es tan simple quitarles los sentidos: para este,
el pan, la salud, la educación, los quehaceres diarios más
sencillos son antisociales,
porque provienen del
pueblo más antiguo.

Ustedes son los mediáticos,
los del tintineo a manos llenas.
Corre, que te alcanzo
para que cargues mis venas.

¡Ah, qué fácil provocar una hoguera!
Por sus jóvenes cabezas
aúllan los mitos, la desconfianza.
Imbécilmente pasan de
manifestantes a tiranos
de su propia tierra, la que
pesará sobre sus hombros
cuando el hambre llega.
Y serán miserables cuando no puedan estrechar la mano de
quien la ara para su siembra.

Así hubiera maná,
la dignidad la envolvieron
en una hiedra.
Mala hierba la de aquel
que desata toda su maleza queriendo ser
el dueño de toda la cosecha.

Mírense, muchachos:
son capadores por el
sonambulismo en que
los llevan. Despierten
antes de que sean
útiles de desecho.

El campanero que guiaba
el cencerro
cambió de camino. Y ustedes,
desorientados, más fácil
serán esquilmados y
de manos vacías.

¿¿¿Quién se quedará con el
maná en la anarquía???

GUSTAVO ARTURO VELÁSQUEZ VÁSQUEZ

Gustavo Arturo Velásquez Vásquez nació el 13 de septiembre de 1952 en Medellín, Colombia.

Es el mayor de los nueve hijos de don Mario Velásquez y doña Alicia Vásquez. Viene de una línea familiar que se estableció en el suroeste de Antioquia, donde su abuelo Otilio Velásquez fue uno de los primeros fotógrafos de jardín, cuyas imágenes son un tesoro histórico del pueblo; mientras que su abuela materna, Berta Montoya, estaba emparentada con los Kennedy, aquella recordada casta política de ascendencia irlandesa prominente en los Estados Unidos. Por donde se le mire, es un hombre con un rico árbol genealógico.

Los primeros años de su infancia los pasó en Caracolí (Antioquia) donde, en medio del calor propio de Magdalena Medio, el fragor de las locomotoras que llevaban gentes y cargas de Puerto Berrío a Medellín y un paisaje aún diáfano, se le generó ese sentido de pertenencia por el pueblo, sus costumbres, su fe y el poder sentir como propia la identidad y resiliencia de la cultura Antioqueña. Esta, años atrás y a pura pujanza, fue capaz de superar las barreras físicas que representaba la orografía de la región en pro de traer el progreso y desarrollo que ya se adelantaban en regiones de Colombia.

Desde pequeño siempre tuvo ese espíritu inquieto: el deseo de tomar un lápiz e imprimir, a través de unas líneas o un dibujo, el sentir de un hombre sensible frente a la realidad que lo rodeaba.

En su adolescencia sus padres decidieron enviarlo al hogar de los abuelos en Medellín, para brindarle así más oportunidades.

En la capital del departamento, el joven Gustavo tuvo la oportunidad de conocer la urbe que experimentaba un cambio y crecimiento acelerado, alimentado por la llegada de tantas otras personas buscando una vida mejor.

Fue en Medellín donde estableció un círculo de amigos que, al igual que él, los jóvenes se cuestionaban sobre varios aspectos de la vida, algo que para ellos tenía un trasfondo más profundo que la simple idea de cotidianidad. Las interrogantes hicieron cimientos y generaron en él un pensamiento crítico frente sus circunstancias.

En esta ciudad también tuvo la oportunidad de reencontrarse con un viejo amor de la niñez: su amada Gloria. Un amor que fue prohibido en principio, por sus suegros, y que debía profesarse por pequeñas notas que deslizaba cada mañana bajo la puerta, antes de irse a trabajar. La efervescencia de un amor puro que tuvo el valor de ir al rescate de su amada cuando esta fue internada en un convento.

Poco a poco fue ganándose el cariño de los padres de Gloria, hasta llegar al punto de considerarlo como un hijo más en la familia; su carisma, su seriedad y su honestidad fueron siempre su carta de presentación.

Posteriormente, contrajo nupcias con su amada e inició un nuevo camino en familia. Del amor nacieron tres hijos varones: Pablo, Jonathan y Sebastián, quienes son su mayor orgullo y alegría.

Gustavo siempre veló por darle lo mejor a los suyos. Por ello trabajó como técnico de aviación por varios años. No había lugar para muchos lujos, salvo la mejor educación posible para sus hijos, pues siempre consideró que el mejor regalo que les podía dar era una buena formación, inculcarles el amor por aprender, por el simple placer de saber y el buen ejemplo de un padre trabajador y de una persona intachable, para que así fueran personas de bien.

Por los azares de la vida y ante la difícil situación económica que golpeaba a Colombia a inicios del nuevo siglo, Gustavo decidió emprender un nuevo camino y probar fortuna en los Estados Unidos, siempre con la idea de buscar lo mejor para su familia. Ellos eran el fundamento de su existencia, por lo que no dudó en llevarlos a su lado cuando tuvo la oportunidad.

Con el pasar de los años y tras haber logrado con creces el cometido de brindarle a sus hijos todas las herramientas y oportunidades para que triunfaran, se dio la marcha propia de ellos que, al igual que él, dejaron el hogar paterno para emprender su propio camino. Gustavo retomó sus escritos para plasmarlos con la sensibilidad propia que le producían los sucesos del diario vivir; con una mirada de añoranza, pero un corazón lleno de esperanza. Esperanza que se ha alimentado de una nueva vida que llegó a su hogar: su adorada nieta Valerie, a quien ahora dedica parte de sus escritos.

Esta biografía, aunque corta, pretende resumir la existencia de un hombre que ha dejado huella en la vida de tantas personas. ¿Y qué mejor homenaje que compartir el gran ser humano que es Gustavo a través de sus letras?

OTROS LIBROS DE POESÍA DE LA EDITORIAL

Tsonkiri, «lo que vuela más alto» (Danitza Garrido Crosby)

Mors Certa (Diego A. Ríos Derteano)

Realidades (Carolina Salazar)

Andanzas subterráneas (Juan Gutiérrez)

Todas las manos (Mario Rucci)

QBE DI AMORE (Elle Berriak)

Nueva vida (Diego Garrido)

El eco de las palabras (José Angelino Leal)

Metamorfosis (Miguel Ángel Sánchez Marín)